AF338805

LE
DERNIER JOUR DE LA COLONNE

Un soir de l'automne dernier que je rentrais paisiblement à mon logis, une voiture de place s'arrêta brusquement à quelques pas de l'endroit où je me trouvais.

Une jeune femme vétue simplement, mais dont toute la personne révélait une grande distinction, descendit du véhicule et à ma grande surprise, vint directement à moi.

— Monsieur, me dit-elle, veuillez m'excuser de la démarche que je tente auprès de vous; je suis étrangère à la capitale; je n'y suis que depuis quelques heures et dans un instant je l'aurai quittée. Je ne sais ce que vous devez penser de moi, vous abordant ainsi, mais je viens à vous pour vous demander un service dont... on vous saura gré... dont on vous sera sincèrement reconnaissant.

— Madame, si je le puis, si...

— Oh! vous le pouvez, monsieur, il ne peut y avoir d'obstacles... Je vous en supplie, croyez-moi, aucun ennui ne peut en résulter pour vous.

— Parlez, madame. Que dois-je faire?

— Parler? je ne le puis, je ne saurais facilement vous l'expliquer, bien que la chose soit simple; du reste, il me faut regagner la gare en toute hâte; car j'ai déjà perdu un temps précieux à réfléchir sur ce que je devais faire, avant de prendre la résolution subite d'avoir recours à vous.

— Comme vous eussiez eu recours au premier passant venu?

— Non, monsieur, oh! non, mais avant qu'un pressentiment

ne m'eût donné la conviction qu'en venant franchement à vous, je ne devais me tromper.

— Vous m'honorez beaucoup, madame, par une telle confiance; mais encore une fois que puis-je faire? Votre pressentiment ne vous a-t-il donc pas appris que je n'avais, hélas! que ma bonne volonté à mettre à votre disposition?

— Aussi n'en veux-je davantage. Prenez ces papiers; leur enveloppe contient avec ce dont vous allez vous occuper, les indications nécessaires pour accomplir une mission pour moi sacrée, et qui doit le devenir pour vous, si vous êtes assez charitable pour tirer une femme d'un embarras extrême.

— Mais, madame, permettez...

— Par pitié, monsieur, je vous jure que je ne demande rien que vous ne puissiez faire, rien qui vous fasse déroger à votre dignité. Comment en serait-il autrement puisque pour me fier à quelqu'un, il m'a fallu rencontrer sur mon passage un homme au visage franc et loyal portant les stigmates d'un cœur généreux, d'une nature...

— De grâce, madame, je vous supplie à mon tour, je ne mérite autant...

— Adieu, monsieur, et merci, oh! merci de toute mon âme!

— Mais, madame, veuillez m'écouter : je ne puis cependant...

Il me fut bien inutile de continuer ma phrase; cette femme jolie à ravir, dont la douce voix me semblait une mélodie, dont le regard suppliant paraissait vouloir fouiller dans le plus profond de mon être pour y déchiffrer ma propre pensée, cette femme qui me fit penser à la fois aux anges et au diable, s'en alla rejoindre le fiacre sans me laisser achever ce que j'avais à dire, elle indiqua au cocher une direction qu'il ne me fut possible d'entendre, puis elle fixa sur moi ses beaux yeux, comme pour me payer d'un sourire, l'automédon fouetta ses chevaux et la voiture s'éloigna rapidement.

Je restai un instant sans bouger, ahuri de ce qui venait de se passer. Ce ne fut que lorsque j'eus complétement perdu le fiacre de vue, qu'il me vint à l'idée de lui courir après et de remettre bon gré, mal gré le paquet de papiers à sa propriétaire.

Je regagnai ma demeure, furieux contre moi-même, contre la

femme dont le pressentiment lui avait si bien dicté que j'étais un niais.

Je me demandai s'il ne serait pas plus sage de jeter au feu ce dont j'étais devenu le dépositaire forcé, que de m'aventurer plus loin dans une ténébreuse affaire? Mais la curiosité eut sur moi plus d'empire que la raison; je déchirai l'enveloppe: elle contenait d'abord sur une feuille simple quelques mots d'une écriture de femme, puis un manuscrit écrit d'une main tremblante. On eût dit l'écriture d'un homme adonné à l'alcool ou atteint d'une maladie de nerfs.

Voici ce que contenaient les quelques lignes d'indication :

« Faire imprimer au plus tôt ce manuscrit, soit dans un journal, soit dans une brochure ou tout autre moyen de grande publicité. »

Or, m'installant au coin du feu, je me mis à lire attentivement ce qu'on désirait si ardemment publier et je restai terrifié à la lecture de ces quelques pages, que depuis je faillis cent fois anéantir, mais que, selon les vœux de la mystérieuse inconnue, je livre aujourd'hui au public, sans commentaires et sans y retrancher un iota.

Je me décharge ainsi d'un poids énorme; de la connaissance d'un secret effroyable, dont la responsabilité ne doit incomber que sur la vengeance personnelle d'un esprit sans doute en démence et qui, étreint par le remords, a cru trouver un soulagement en avouant l'action monstrueuse qu'il raconte dans les pages qui suivent.

*

DERNIER JOUR DE LA COLONNE

Que n'a-t-on pas dit sur l'étrange disparition de X...?

Qui n'a pas brodé sa petite histoire à ce sujet?

Les uns ont prétendu qu'il était mort en combattant dans les rangs versaillais; d'autres, qu'il avait été fusillé par les fédérés. Quelques-uns même ont soutenu qu'il était vivant, jouissant d'une parfaite santé, et affirment l'avoir rencontré à Naples lors de la dernière éruption du Vésuve.

Moi, je hausse les épaules, et je ris d'un rire inextinguible, d'un rire féroce imitant le bruit de portes de fer grinçant sur leurs gonds rouillés.

Qui, mieux que moi, peut parler de lui?
Qui, mieux que moi, peut dire la vérité sur
son sort? — N'ai-je pas assisté à son agonie?
N'ai-je pas entendu son dernier râle?... moi
qui l'ai tué!...

Je vais raconter mot à mot sa fin terrible,
et dire ce qu'il a dû souffrir.

Je ne crains plus aujourd'hui de révéler
mon crime. On a forgé sur X... des hypo-
thèses tellement invraisemblables, que ce
meurtre effroyable passera sur le compte
d'une imagination déréglée et corrompue.

Et puis, ne suis-je point à deux mille cinq
lieues de France?

A quoi bon remonter aux sources de notre
liaison? Pourquoi parler ici de tout le mal
que me fit l'infâme X... des hontes qu'il me
fit subir, des humiliations sans nombre qu'il
m'imposa?

Ah! je courbai la tête longtemps, bien longtemps, sans me plaindre; le cœur ulcéré de
chagrin et de rage, je me taisais, je ne me
révoltai pas aux marques nombreuses de son
grossier et stupide mépris.

Pour ELLE, que n'eussé-je point supporté!...
Pour *Elle*, que n'eussé-je point souffert!...

Mais tous ces outrages étaient profondément gravés dans mon âme; je le haïssais, le misérable, de toutes les forces de ma nature passionnée; chaque jour ma soif de vengeance croissait en proportion de sa lâche tyrannie. Je sentais ma poitrine bondir à chacun de ses coups. J'attendais...

Sa mort était devenue l'élément de ma vie!

J'avais juré de lui faire payer en un moment, la dette de haine qu'il avait accumulée en moi, tout en m'assurant l'impunité de mon crime. Mais il fallait ne pas agir à la légère.

Ceux qui ont connu l'homme à qui j'avais affaire, comprendront combien la dissimulation m'était imposée.

Je devais donc attendre qu'une occasion vînt s'offrir à moi, pour frapper mon ennemi à coup sûr et en toute sécurité.

Je patientai longtemps, mais enfin elle se présenta, et si belle, que le diable, qui devait être de la partie, semblait l'avoir préparée tout exprès.

C'était pendant la Commune.

Un soir, à l'Hôtel de ville, j'appris que la destruction de la Colonne, déjà remise deux fois, était irrévocablement fixée au lendemain 16 mai.

En rentrant chez moi, songeant à ce gigantesque renversement, une puissance vague, irrésistible, associa dans ma pensée l'image de X... à celle du héros de Brumaire juché sur le monument.

Je vis bientôt, comme dans un miroir magique, la chose et l'être s'unir, puis l'être se fondre dans la chose... Alors, je poussai un hurlement de joie, pareil au cri d'une bête affamée qui vient enfin de trouver sa proie... Mon imagination surexcitée par un esprit infernal venait de voir tomber l'homme de bronze, entraînant l'homme de chair dans sa chute !

Aussitôt mon plan fut tracé.

La brillante position que j'occupais parmi les hommes influents de la Commune, m'ouvrait alors toutes les portes et forçait les consignes même les plus sévères. Il m'était donc facile d'être au premier rang pour assister à la *cérémonie* ; mais, si je voulais atteindre mon but, il me fallait être assez habile pour y amener X...

Il était encore à Paris, retenu par des intérêts en dehors de la politique, et, grâce à ses relations, il avait pu, sans être inquiété, conserver une neutralité complète.

Je m'étais bien gardé de le perdre de vue.

Depuis qu'il me voyait chamarré d'or et de rouge, il avait (quoique d'opinions diamétralement opposées aux miennes) considérablement changé d'allures à mon égard ; il affectait de me traiter sur un pied d'égalité parfaite (se réservant de prendre sa revanche plus tard) ; parfois même, il m'appela son *excellent ami.*

J'aurais pu aisément me défaire de lui : un seul mot à Raoul Rigault, le dénonçant comme un réactionnaire dangereux, l'envoyait grossir le nombre des otages... Mais une simple fusillade... fi donc ! j'avais rêvé autre chose pour lui.

Ah ! je me gardai bien de lui faire mauvaise mine ; au contraire : j'eus l'air de le prendre sous ma protection ; paraissant avoir oublié le passé, je lui donnai de chaleureuses poignées de mains, ne le contredisant en rien, lui laissant dire (pendant qu'il me flattait comme on caresse un chat dont on ne redoute pas les griffes), que j'étais un «drôle de pistolet », un « charmant cerveau creux », et ne m'étais jeté dans le mouvement communaliste, que parce que l'on pouvait y « faire bonne chair, chose à laquelle je n'avais pas été habitué, et porter des bottes à l'écuyère. »

Et il riait !... Et je riais avec lui, mais d'une façon bien différente... l'imbécile n'y comprenait rien, tant il était persuadé avoir affaire à une brute.

Quelle faute j'aurais commise en lui demandant d'assister à la chute de la Colonne ! — Sa rage contre l'insurrection eût redoublé, et il se fût mis la tête entre deux matelas pour ne pas entendre le bruit de l'écroulement du colosse.

Mais en causant de choses qui l'intéressaient personnellement, je l'amenai près de la place Vendôme. Ainsi que je m'y attendais, il voulut voir ce qu'il appelait « cette foule bête et ivre de vandalisme. »

Quand nous fûmes arrivés au milieu de la cohue, je tirai ma montre :

— Tiens, dis-je, une heure et demie ! et la *représentation* est annoncée pour deux heures ; permettez que je vous quitte : je dois me rendre à l'état-major.

Alors, je vis la curiosité l'emporter sur l'indignation ; il chercha avec moi à fendre le flot populaire qui nous faisait obstacle.

— Ma foi, dit-il, puisque j'ai tant fait que de venir jusqu'ici, pourquoi ne pas aller plus loin, si c'est possible ?

— A votre aise ! répondis-je avec indifférence, si vous y tenez, j'offre même de vous faire pénétrer sur la place, fantaisie qu'un simple mortel ne pourra se payer aujourd'hui.

— Je vous suis, répliqua-t-il ; on n'assiste pas tous les jours à la démolition des gloires de la France.

Grâce à mes galons d'or, à mon écharpe rouge, je m'ouvris facilement un passage, et sans autres difficultés, nous arrivâmes au pied de la Colonne au moment où sonnait une heure trois quarts.

J'envoyai un homme de service chercher un drapeau tricolore et un paquet de cordes.

— Pourquoi, diable! envoyez-vous chercher ce drapeau? me dit X... Que voulez-vous donc en faire?

— L'attacher à la balustrade de la plate-forme, afin que cette foule *bête et ivre de vandalisme* comprenne que les trois couleurs doivent tomber avec le tyran!

X... haussa les épaules et lança sur la *vile multitude* un regard comique de dédain.

— Si vous tenez, lui dis-je, à jouir d'un coup d'œil splendide, vous qui êtes amateur de spectacles extraordinaires, vous m'accompagnerez là-haut : vous concevez que je n'aie pas voulu manquer une pareille occasion! Monter le dernier sur la Colonne !... demain les caves de la Banque ne pourraient payer la satisfaction d'un semblable caprice.

La curiosité eut plus de force sur lui que la rage : — il accepta de gravir ensemble les degrés de la Colonne, dont la base était entamée ainsi qu'un arbre par la cognée du bûcheron, et où l'on entrait par une ouverture pratiquée en trou de sifflet.

Un accident faillit déjouer mon plan et, causer ma perte. Au moment où nous allions monter, X..., par un hasard miraculeux, passa auprès d'un cabestan et l'examina :

— Allons, dit-il, en se frottant les mains, ce n'est pas encore pour aujourd'hui : voilà une poulie qui, au premier tirant du câble, va se briser, et votre *belle fête* sera remise de nouveau : voyez : le support de fer est cassé auprès de la partie tordue.

En effet, X... disait vrai. — La poulie ne pouvait résister à la tension du câble. — Sans le savoir, le malheureux venait d'anéantir la seule chance de salut qui lui restât, car, si mon projet avait été mis à exécution sans qu'il eût prévu le retard qu'allait occasionner le changement de cabestan, mon plan était frustré, ma vengeance perdue, et peut-être ma vie !

Je fis remarquer à l'ingénieur le défaut de la poulie ; celui-ci me répondit avec suffisance qu'il connaissait son métier, que tout était prêt et que rien ne clocherait. Puis, comme attestation de son dire, il fit sonner le clairon pour ordonner la mise en mouvement des cabestans,

Comme nous l'avions prévu, la poulie cassa et un ouvrier fut blessé. X... triomphait; il était superbe d'arrogance, et sa pose avait quelque chose du César de bronze auquel il avait prédit une plus longue existence.

Heureusement, la partie n'était pas remise, elle ne devait subir qu'une heure ou deux de retard, le temps de changer le cabestan. X... qui s'attendait encore à un autre contre-temps pour reculer *la fête*, voulut rester jusqu'à ce qu'il appelait un second essai.

Deux heures, deux longues heures se passèrent, qui me parurent deux siècles. X... s'impatientait, et j'eus toutes les peines du monde à le faire attendre.

Enfin, le cabestan de rechange fut placé; X.... fit une inspection générale de l'outillage (j'avoue qu'il s'y connaissait) et, à ma grande joie, parut désespéré de ce que tout allait au mieux, et que rien ne pouvait empêcher la chute de la *Fierté des Français*.

Pour moi, le moment d'agir était arrivé; la bâche recouvrant l'entrée en trou de sifflet avait été enlevée et laissait l'ouverture béante en vue de la foule.

Une dizaine de fédérés se trouvaient encore huchés sur le piédestal, ce qui nous permettait de monter à deux dans l'escalier sans qu'on y prît garde.

Je fis signe à X... de me suivre. Mais avant d'accomplir notre ascension, j'eus soin de prévenir un officier d'état-major de ne laisser donner le signal de la mise en mouvement des câbles, qu'après m'avoir vu redescendre.

X... passa le premier. — Quand nous eûmes gravi la hauteur d'un premier étage, je lui fis passer une boîte d'allumettes-bougies en le priant de nous éclairer, l'escalier, veuf de ses lampes, se trouvant dans une obscurité complète.

Je suivais X... à cinq ou six marches de distance, et pendant qu'il était occupé à ne pas se brûler les doigts, je déliai ma corde, que je coupai par morceaux de différentes longueurs.

X... paraissait sous le coup d'une émotion

extraordinaire; les légères oscillations de la Colonne lui donnaient le frisson ; je crois qu'il commençait à regretter d'être monté, mais il n'osait redescendre le premier.

Quant à moi, un tremblement nerveux agitait tous mes membres, et le murmure de la foule, qui montait jusqu'à nous, me semblait soulevé par l'horreur de ce que j'allais accomplir...

Cependant, l'être que j'abhorrais était devant moi; j'allais donc me venger, et lui faire subir un supplice infernal ! ...

Cette pensée redoubla mon énergie. X... devait mourir : il mourrait !

— X .., lui dis-je, soyez donc assez obligeant pour prendre ce drapeau de votre main libre ; mes cordes sont embrouillées, et, vous savez, le temps presse. Entendez-vous les cris de la foule impatiente?

Le pauvre diable prit le drapeau sans répondre; il me paraissait terrifié par la peur que le monument ne s'écroulât avant qu'il n'en fût descendu.

. . . .

Aussitôt que de la plate-forme surgit un faible rayon de lumière, je m'élançai sur lui d'un bond de panthère, et, profitant de ce qu'il avait les mains embarrassées, le bâillonnai avec mon écharpe rouge, que je fis croiser sur sa nuque et revenir sur ses avant-bras, pour enfin en nouer à la hauteur des hanches les deux bouts à franges d'or.

Cela fut exécuté avec une telle rapidité, le lien serré avec une force si irrésistible, que ma victime n'eut même pas le temps de se reconnaître. Quand X.. revint à lui, il était trop tard !

Sans perdre une seconde, je l'avais terrassé sur les marches et lui avais fortement garrotté les pieds. Alors seulement, il commença à se débattre et à crier ; mais ses efforts étaient impuissants, et ses cris suffisamment assourdis par le bâillon, qu'il essayait en vain de déchirer avec ses dents.

Je rivai mon homme par un bout de corde à un gros crochet qui devait servir jadis à suspendre une lampe ; puis, tirant de dessous ma tunique une seconde écharpe de délégué du peuple, je m'en revêtis, ramassai le drapeau et continuai mon ascension, qui ne se composait plus que d'une vingtaine de marches.

Le temps écoulé entre notre entrée dans la Colonne et mon apparition sur la plate-forme me semblait avoir été d'une longueur inquiétante; je regardai en bas et vis que tous les yeux étaient braqués sur moi... J'agitai cinq ou six fois mon drapeau tricolore et le fixai solidement au balcon.

Un formidable *hourrah*, aussitôt suivi de l'explosion des fanfares, m'annonça que le peuple avait compris.

Je me disposai à redescendre.

Mais l'idée de passer devant X.. me fit tressaillir et m'inonda d'une sueur froide; mes os se heurtèrent les uns contre les autres, et tout mon être frissonna d'épouvante.

Il était temps encore : je pouvais le sauver...

Le sauver, lui?... Oh ! non. C'en était fait ! son supplice horrible était bien ce que voulait ma haine.

Cette torture de damné, ne me l'avait-il

pas infligée d'une façon plus lente et plus cruelle?

Je le tenais donc : il était devenu ma chose.

— Allons! pas de faiblesse, me dis-je. — Dieu ait pitié de son âme — si toutefois il est unDieu?..

Je descendis quatre à quatre les marches qui me séparaient de ma victime. — En passant devant elle, il me sembla que ses dents claquaient et que ses cheveux commençaient à blanchir!... J'avais peur!

Arriverais-je au bas avant la chute?...

J'aperçus enfin l'ouverture... j'étais dehors.

Les cabestans manœuvraient et la Colonne tremblait sur sa base.

— Qu'avez-vous donc? me demanda un garde; vous êtes pâle comme un mort. Et le citoyen qui est monté tout à l'heure avec vous est donc redescendu?

— Il y a beau temps! répondis-je; il n'est même pas monté jusqu'au bout, tant il craignait pour sa peau.

Puis, montrant du doigt un groupe compacte de curieux :

— Tenez, je l'aperçois là-bas dans le tas ; je vais le rejoindre.

Et, un peu soulagé du poids dont j'étais accablé, je quittai mon questionneur pour aller me perdre parmi les spectateurs que j'avais désignés.

La tension des câbles s'opérait lentement, mais sûrement cette fois ; un silence d'épouvante régnait dans la foule anxieuse ; tous les visages étaient contractés par l'appréhension d'un sinistre.

Les cabestans fonctionnaient bien ; il suffisait d'obtenir, à la base du monument, un déplacement de *un centimètre* pour produire, sur une hauteur de trente mètres, un ébranlement de dix centimètres au sommet, ce qui devait amener le succès de l'opération.

Enfin l'oscillation devint plus sensible ; un bruit sourd se mêla au craquement des fascines ; d'épais nuages de poussière s'élevèrent dans les airs, et cette masse colossale de pierre et de bronze s'abattit en morceaux sur le lit de fumier qui lui avait été préparé.

La Colonne avait vécu !

Dans cette incroyable et gigantesque chute ; dans cette pulvérisation formidable du hochet de deux générations ; à travers la grande voix du peuple qui hurlait : *Vive la Commune !* je distinguai un cri, cri déchirant, cri d'horreur, rempli d'une si atroce souffrance, que, depuis ce jour, il résonne sans cesse à mes oreilles et m'écrase d'un sombre désespoir.

On trouva quelques lambeaux de chair, quelques vestiges de vêtements et d'étoffe rouge avec des franges d'or... Mais comme l'ordre impératif était donné de publier que la chute de l'odieuse Colonne n'avait occasionné aucun accident sérieux, on n'eut pas l'air d'y prendre garde.

Ces traces humaines furent bientôt effacées et mêlées au fumier dont j'avais fait le linceul de X...

    .   .   .   .

Aujourd'hui, anniversaire de ce drame horrible, une force fatale, jointe au profond remords dont je suis dévoré, me pousse, bien qu'à l'abri de toute justice humaine, à révéler aux hommes le crime atroce, dont le poids accablant a déjà sillonné mon front des rides de la vieillesse, et courbe mon corps vers la tombe, qui, bientôt, viendra mettre un terme à mon existence maudite!

(16 mai 1873.)

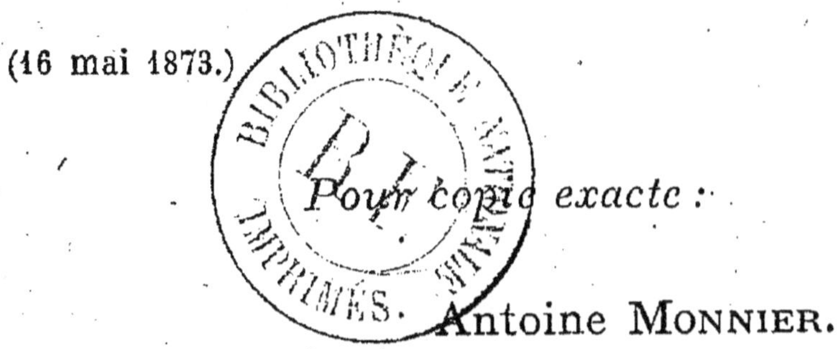

Pour copie exacte :

Antoine MONNIER.

Paris-Vaugirard. Typ. N. Blanpain, 7, rue Jeanne.